El mundo de los transportes

La suma

T0136589

Rann Roberts

Créditos

Dona Herweck Rice, *Gerente de redacción*; Lee Aucoin, *Directora creativa*; Don Tran, *Gerente de diseño y producción*; Sara Johnson, *Editora superior*; Evelyn Garcia, *Editora asociada*; Neri Garcia, *Composición*; Stephanie Reid, *Investigadora de fotos*; Rachelle Cracchiolo, M.A.Ed., *Editora comercial*

Créditos de las imágenes

cover Chris Howey/Shutterstock; p.1 Chris Howey/Shutterstock; p.4 (left) Pichugin Dmitry/Shutterstock, (right) Charles Taylor/Shutterstock; p.5 Al2/Wikimedia; p.6 (top) mypokcik/Shutterstock, (bottom) SVLumagraphica/Shutterstock, p.7 (top) Jeff Schultz/Newscom, (bottom) S. Bakhadirov/Shutterstock; p.8 (top) Library of Congress, (bottom) Michael Avory/Shutterstock; p.11 (top) Aleksi Markku/Shutterstock, (bottom) Lazareva El/Shutterstock; p.13 Kentoh/Shutterstock; p.14 Oleksii Zelivianskyi/Shutterstock; p.15 Art Explosion; p.16 Newscom; p.17 Rafal Olkis/Shutterstock; p.18 Jan van Broekhoven/Shutterstock; p.19 Rafael Ramirez Lee/Shutterstock; p.20 Rigucci/Shutterstock; p.21 Jim Lopes/Shutterstock; p.22 Interfoto/Alamy; p.23 GrLb71/Shutterstock; p.24 Denis Klimov/Shutterstock; p.25 Flight Collection/Newscom; p.26 Alan Freed/Shutterstock; p.27 (top) NASA, (bottom) NASA

Teacher Created Materials

5301 Oceanus Drive
Huntington Beach, CA 92649-1030
http://www.tcmpub.com
ISBN 978-1-4333-2737-7
©2011 Teacher Created Materials, Inc.

Tabla de contenido

Viajemos por tierra

Durante miles de años, las personas viajaron a pie. Cargaron sus propias cosas. Luego comenzaron a domesticar animales. Pusieron cargas sobre los caballos. En algunos países, camellos o elefantes cargaron cosas pesadas.

A principios de 1800, se comenzó a usar la rueda. A las primeras bicicletas era necesario empujarlas. Las siguientes bicicletas tuvieron pedales y ruedas de madera. ¡Eran difíciles de conducir!

Historia de la bicicleta

1817 Para avanzar, a la primera bicicleta había que empujarla.	
1860s La "quebrantahuesos" estaba construida de madera.	
1870s La bicicleta de rueda alta era toda de metal.	
1888 Las bicicletas comenzaron a tener llantas infladas con aire.	

Las primeras calesas orientales tenían ruedas. Un corredor fuerte tiraba de ellas. En muchas ciudades grandes aún se puede dar un paseo en calesa. Pero a veces funcionan con pedal.

Los perros también ayudaban con el **transporte**. Tiraban de trineos en lugares con grandes cantidades de hielo y nieve. Muchos trineos de perros se reemplazaron por motos de nieve.

El primer ferrocarril que trasladó a pasajeros y mercancías se construyó en Inglaterra. Tenía 25 millas de largo. Tomaba casi 2 horas para recorrer esa distancia. Eso es aproximadamente 12 millas por hora.

Exploremos las matemáticas

Con el tiempo, los trenes se han vuelto más rápidos. En la siguiente tabla se muestra la cantidad de millas por hora que pueden recorrer 3 trenes que hacen paradas.

Observa la información. Luego usa la **suma** para contestar las preguntas.

Año	Nombre del tren	Millas recorridas en la 1ª hora	Millas recorridas en la 2ª hora	Millas recorridas en la 3ª hora
1829	Rocket	30	20	35
1832	American	60	50	55
1934	Zephyr	110	100	105

a. ¿Cuántas millas recorría en total el *Rocket* en 3 horas?

b. ¿Cuántas millas recorría en total el *American* en 3 horas?

c. ¿Cuántas millas recorría en total el *Zephyr* en 3 horas?

Hubo muchos cambios desde 1825. Hoy existen todo tipo de trenes. El tren bala de Japón puede recorrer 186 millas en sólo una hora. Puede viajar 372 millas en 2 horas. ¡Eso sí que es rápido!

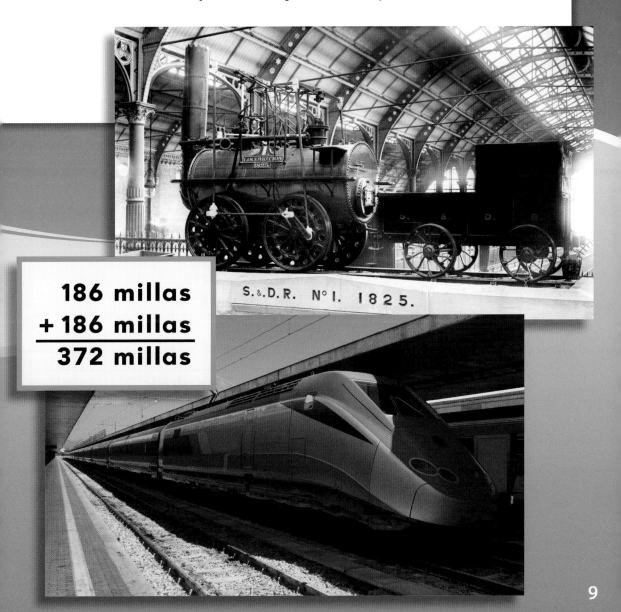

$$\begin{array}{r} 186 \text{ millas} \\ + 186 \text{ millas} \\ \hline 372 \text{ millas} \end{array}$$

Viajemos sobre y bajo la superficie

La mayoría de las grandes ciudades tiene un sistema para viajar. Los **sistemas de transporte rápido** trasladan a muchos pasajeros de un lugar a otro. Son rápidos y hacen muchas paradas.

Sistema de transporte rápido	Ciudad
Metro	Nueva York Beijing
Tren **elevado**	Chicago
Tren metro	París Tokio
Tubo o subterráneos	Londres
Skytrain (una clase de tren elevado)	Bangkok Vancouver
Monorraíl	Seattle Sidney Moscú
Ferrocarril funicular	Hong Kong Cape Point Budapest

Algunos sistemas de transporte rápidos se desplazan sobre la superficie. Otros lo hacen por **túneles**. Otros pueden trasladarse sobre la superficie y por debajo de ella. ¡Algunos incluso viajan bajo el agua!

Los sistemas de transporte rápido te llevan adonde necesites ir. ¡Es una manera divertida de viajar!

Exploremos las matemáticas

En la siguiente tabla se observa el tiempo que tarda un tren en llegar a 5 estaciones. Observa la información. Luego contesta las preguntas.

Parada	Tiempo
Estación principal a Ciudad centro	13 minutos
Ciudad centro a Vista norte	11 minutos
Vista norte a Parque	20 minutos
Parque a Zoológico de la ciudad	21 minutos
Zoológico de la ciudad a Lago del oso	14 minutos

a. ¿Cuántos minutos tarda en llegar de Estación principal a Ciudad centro?

b. ¿Cuántos minutos tarda en llegar de Estación principal a Vista norte?

c. ¿Cuántos minutos tarda en llegar de Vista norte a Zoológico de la ciudad?

d. ¿Cuántos minutos tarda en llegar de Parque a Lago del oso?

¿Alguna vez estuviste en un parque temático? Es probable que allí hayas viajado en monorraíl. Algunas ciudades cuentan con monorraíles como parte de su sistema de transporte. ¡Los pasajeros disfrutan de una hermosa vista!

Si necesitas subir una colina empinada, puedes tomar el ferrocarril funicular. Un vagón sube la colina.

El otro vagón baja. Se mantienen en equilibrio con un sistema de cables.

El ferrocarril más largo del mundo es el Transiberiano. Puedes iniciar el viaje en Moscú y hacer un largo recorrido hasta el Mar de Japón. Atraviesa un tercio del planeta. ¡Son casi 6,000 millas!

El tendido del Transiberiano fue un trabajo arduo. Se construyó entre 1891 y 1913. ¡Eso es 22 años!

Viajemos por agua

Hace miles de años podrías haber viajado en un velero chino. Estos fuertes barcos de madera aún navegan por los mares.

Un barco mucho más rápido y moderno es el hidroala. Va tan rápido que se eleva en el agua y se mueve sobre ella. Éste se desliza a toda marcha por un gran río de China.

Un carguero es un barco grande. Traslada mercancías por todo el mundo. Algunos cargueros de gran tamaño incluso tienen grúas para levantar la carga. Esta tabla muestra los días que les toma a los cargueros hacer un viaje.

Los Ángeles a España	Número de días a cada puerto
Desde Los Ángeles a Tokio	14
Desde Tokio a Corea	2
Desde Corea a través del canal de Suez	21
Desde el canal de Suez a España	10

Los cargueros viajan lentamente. Tardan muchos días en entregar las mercancías.

Exploremos las matemáticas

Observa la tabla de la página 18. Luego contesta las preguntas.

a. ¿Cuántos días tarda en realizar el recorrido entre Los Ángeles y Tokio?

b. ¿Cuántos días tarda en realizar el recorrido entre Los Ángeles y Corea?

c. ¿Cuántos días tarda en realizar todo el viaje?

Un viaje en crucero puede resultar una manera estupenda de pasar las vacaciones. Un crucero grande puede trasladar 2,000 ó 3,000 personas. ¡Es como una pequeña ciudad flotante!

Estos cruceros pueden mantener de 101 a 3,114 invitados. ¿En cuál te gustaría viajar?

Nombre del barco	Peso	Número de pasajeros
Spirit of '98	9,600 toneladas	101
Royal Princess	45,000 toneladas	1,200
Rhapsody of the Seas	78,491 toneladas	2,000
Adventure of the Seas	142,000 toneladas	3,114

Los cruceros paran en muchos lugares llamados **puertos de escala**. Puedes conocer distintos países o ciudades en un mismo viaje.

Viajemos por aire

A un globo grande con **motor** se le llama globo dirigible. Los dirigibles están llenos de un gas que es más liviano que el aire. El globo dirigible más grande fue el *Hindenburg*. Se estrelló en 1937.

Algunos datos interesantes sobre el dirigible *Hindenburg*.

Longitud: 803 pies	**Tripulación:** 40
Diámetro: 135 pies	**Pasajeros:** 40
Velocidad: 81 millas por hora	

Con los años la navegación aérea evolucionó mucho. Hoy puedes hacer un viaje corto en un avión de hélice. Los helicópteros se usan para viajar y para ayudar a la gente.

Los aviones a reacción pueden recorrer largas distancias en poco tiempo. El avión a reacción más grande es el Airbus 380. ¡Tiene más de 500 asientos!

Exploremos las matemáticas

Tipo de vehículo	Velocidad
helicóptero grande	150 millas por hora
hidroavión	140 millas por hora
avión a reacción Cessna	400 millas por hora

a. ¿Cuántas millas puede recorrer un helicóptero grande en 1 hora?

b. ¿Cuántas millas puede recorrer un helicóptero grande en 2 horas?

c. ¿Cuántas millas puede recorrer un hidroavión en 2 horas?

d. ¿Cuántas millas puede recorrer un avión a reacción Cessna en 2 horas?

El avión de pasajeros más rápido fue el Concorde. Podía volar 4,500 millas en 4 horas. Esto significa que volaba más de 1,000 millas por hora. Pero el Concorde no era suficientemente seguro para seguir volando.

¿Sueñas con viajar al espacio exterior? Puedes hacerlo en un transbordador espacial. Recorre más de 17,000 millas por hora. Lleva una tripulación de 7 astronautas.

Algunos astronautas viven y trabajan en el espacio exterior durante 6 meses seguidos. Viven en la **Estación Espacial Internacional**.

¿Qué medio de transporte te gustaría probar? ¿Dónde te gustaría viajar?

Colecciones de transportes

Marco, Juan y Chris son amigos. Les gusta coleccionar diferentes tipos de vehículos de transporte, y cada uno tiene su colección de automóviles, trenes y aviones a escala. Deciden encontrarse este sábado en la casa de Juan para jugar e intercambiar vehículos. Usa la siguiente tabla para contestar las preguntas.

Nombre	Automóviles a escala	Trenes a escala	Aviones a escala
Marco	45	11	20
Juan	21	10	32
Chris	33	14	13

¡Resuélvelo!

a. ¿Cuántos automóviles a escala tienen en total?

b. ¿Cuántos trenes a escala tienen en total?

c. ¿Cuántos aviones a escala tienen en total?

d. ¿Qué tipo de vehículo prefieren? ¿Cómo lo sabes?

e. ¿Cuál es el tipo de vehículo que menos les gusta? ¿Cómo lo sabes?

Sigue estos pasos para resolver el problema.

Paso 1: Suma la cantidad de automóviles que tiene cada niño.

Paso 2: Suma la cantidad de trenes que tiene cada niño.

Paso 3: Suma la cantidad de aviones que tiene cada niño.

Paso 4: Observa los totales para ver qué tipo de vehículo tiene el total más alto.

Paso 5: Observa los totales para determinar cuál es el tipo de vehículo que tiene el total más bajo.

Glosario

elevado—que está por encima de la superficie

Estación Espacial Internacional—lugar en el espacio exterior donde viven y trabajan los astronautas

motor—máquina que se utiliza para mover algo

puertos de escala—lugares que visitan los barcos

sistema de transporte rápido—ferrocarril que traslada pasajeros por una ciudad

suma—proceso de unión de 2 o más números para obtener 1 número que se llama total

transporte—sistema para trasladar personas y objetos

túneles—pasos subterráneos o subacuáticos

Índice

Respuestas

Exploremos las matemáticas

Página 8:

a. 85 millas

b. 165 millas

c. 315 millas

Página 12:

a. 13 minutos

b. 24 minutos

c. 41 minutos

d. 35 minutos

Página 19:

a. 14 días

b. 16 días

c. 47 días

Página 24:

a. 150 millas

b. 300 millas

c. 280 millas

d. 800 millas

Resuelve el problema

a. 99 automóviles

b. 35 trenes

c. 65 aviones

d. Prefieren los automóviles. Las respuestas pueden variar.

e. Les gusta menos los trenes. Las respuestas pueden variar.